Michael Hinz

# $\mathbf{S}$tatic $\mathbf{S}$erver $\mathbf{P}$ages,

## industrielle Produktion und Pflege von WebSites mit Standard-Software

http://www.static-server-pages.de

**Wichtiger Hinweis**

Die in diesem Buch wiedergegeben Verfahren und Programme
werden ohne Rücksicht auf die Patentlage mitgeteilt. Sie sind
für Amateur- und Lehrzwecke bestimmt. Alle technischen
Angaben und Programme in diesem Buch wurden vom Autor
mit größter Sorgfalt erarbeitet bzw. zusammengestellt und unter
Einschaltung wirksamer Kontrollmaßnahmen reproduziert.
Trotzdem sind Fehler nicht ganz auszuschließen. Wir sehen
uns deshalb gezwungen, darauf hinzuweisen, daß weder eine
Garantie noch die juristische Verantwortung oder irgendeine
Haftung für Folgen, die auf fehlerhafte Angaben zurückgehen,
übernommen werden kann. Für die Mitteilung eventueller
Fehler ist der Autor sehr dankbar.

Wir weisen darauf hin, daß im Buch verwendete Soft- und
Hardwarebezeichnungen und Markennamen der jeweiligen
Firmen im allgemeinen warenzeichen-, marken- oder
patentrechtlichem Schutz unterliegen. MS-DOS, MS-Windows,
Windows-NT, Windows 95, MS-Word, Word für Windows, MS-
Access, sind eingetragene Warenzeichen der Microsoft Corp.

ISBN 3-00-004601-1

## Zielstellung dieses Buches

Nach dem Studium des Buches werden Sie:

1. wissen, wie Sie komplexe und/oder mehrsprachige WebSites industriell, mit Hilfe von Standard-Software, produzieren und pflegen können;
2. in der Lage sein, die Beispiel-WebSite dieses Buches Ihren Bedürfnissen anzupassen und zu nutzen;
3. wissen, wie Sie die Beispiel-WebSite dieses Buches weiter entwickeln und/oder auf andere Software-Systeme portieren.

# Inhaltsverzeichnis

**Kapitel 1**

# Grundlagen

In diesem Kapitel werden wir Ihnen einen Überblick über die SSP-Technologie geben. Wir werden Ihnen erläutern, was SSP ist, wie es funktioniert und wer SSP wann sinnvoll nutzen kann.

In diesem Kapitel werden wir Sie mit dem Konzept von SSP vertraut machen, ohne auf technische Details einzugehen. Technische Einzelheiten sind in späteren Kapiteln beschrieben.

## *Was ist SSP?*

SSP ist eine Technologie zur effizienten (automatisierten) Produktion und Pflege von HTML-Seiten. Diese Technologie arbeitet ausschließlich mit Standard-Software und eignet sich insbesondere für umfangreiche und/oder mehrsprachige WebSites.

Dabei steht die Abkürzung SSP für **Static Server Pages,** als Gegenstück zu ASP (Active Server Pages, HTML-Seiten, welche im Augenblick der Anzeige aus einer Datenbank generiert werden).

SSP ist eine Technologie zur datenbankgestützten Produktion und Pflege von HTML-Seiten. Bei dieser Technologie werden die einzelnen HTML-Seiten mit Hilfe einer Datenbank generiert, ähnlich ASP. Im Gegensatz zu ASP-Seiten benötigen die mit der SSP-Technologie generierten HTML-Seiten aber keine Verbindung zur Datenbank während der Anzeige.

Die mit Hilfe von SSP generierte HTML-Seite unterscheidet sich durch nichts von einer herkömmlich programmierten HTML-Seite. Die Vorzüge von SSP liegen in der datenbankgestützten Entwicklung und Pflege von HTML-Seiten, nicht aber in der HTML-Seite selber. Alle Vorteile einer ‚normalen' HTML-Seite, wie einfache Programmierung und die Möglichkeit, die Seiten Offline (auf CD-ROM usw.) weiterzugeben, bleiben erhalten.

SSP ist eine Technologie, mit der sich die Produktion und Pflege von HTML-Seiten (bzw. vollständiger WebSites) automatisieren läßt. Der Produktivitäts-Gewinn gegenüber manuell programmierten HTML-Seiten ist enorm, insbesondere bei komplexen und/oder mehrsprachigen WebSites.

Die SSP Technologie arbeitet ausschließlich mit Standard-Software. Notwendig sind lediglich eine moderne Textverarbeitung (Serienbrieffunktion) und eine Datenbank, welche mit der Textverarbeitung, über die Serienbrieffunktion verknüpft werden kann. Um SSP einsetzen zu können, muß also keine Spezial-Software erworben und erlernt werden.

## *Wie funktioniert SSP?*

Die WebSite wird vollständig in einer Datenbank
abgebildet. Sowohl die Inhalte (Texte, Grafiken usw.)
als auch die Strukturen (nächste Seite, vorherige
Seite usw.) sind in der Datenbank gespeichert. Das
Layout der einzelnen HTML-Seiten (Header,
Tabellen usw.) ist in Muster-Text-Dokumenten
gespeichert. Muster-Text-Dokumente sind
Seriendruck-Dokumente, welche mit der Datenbank
verknüpft sind. Die Muster-Text-Dokumente
enthalten den HTML-Code der einzelnen Seiten,
aber noch keine Inhalte.

Bei der Generierung der HTML-Seite werden die
Inhalte aus der Datenbank, über die
Seriendruckfelder im Muster-Text-Dokument, in das
Muster-Text-Dokument eingefügt. Das Muster-Text-
Dokument wird anschließend als ASCII-Text mit der
Endung „.HTML" gespeichert. Die neue/geänderte
HTML-Seite ist fertig und wird anschließend in das
Internet gestellt.

Sollen die Inhalte der WebSite geändert werden,
müssen also die Inhalte in der Datenbank geändert
werden. In der Datenbank können Inhalte nicht nur
geändert, sondern auch hinzugefügt oder gelöscht

werden. Am Muster-Text-Dokument müssen anschließend keinerlei Änderungen vorgenommen werden. Das Muster-Text-Dokument ist so intelligent, daß es die Änderungen in der Datenbank erkennt und entsprechend verarbeitet.

Soll eine andere HTML-Seite produziert werden, welche die gleiche Struktur hat aber einen anderen Inhalt (beispielsweise eine andere Sprache), wird das Muster-Text-Dokument mit der entsprechenden Tabelle der Datenbank verknüpft und die HTML-Seite neu generiert. Es entsteht eine neue HTML-Seite, mit derselben Struktur und einem anderen Inhalt.

Alle genannten Arbeitsschritte sind, mit Hilfe von Makros, automatisiert. Bei Bedarf kann also die vollständige WebSite per Knopfdruck neu generiert und publiziert werden.

Änderungen am Inhalt der HTML-Seite werden nicht im Quelltext der HTML-Seite vorgenommen, sondern in der Datenbank.
Vorteil: Der Quelltext bleibt unberührt, nicht beabsichtigte Änderungen im Quelltext sind damit ausgeschlossen. Zum Ändern der Inhalte ist kein Verständnis des HTML-Codes notwendig. Daraus

folgt: auch Nicht-HTML-Spezialisten sind in der
Lage, den Inhalt der HTML-Seite zu pflegen.

Änderungen am Layout der HTML-Seite müssen nur
einmal, am Muster-Text-Dokument vorgenommen
werden. Anschließend kann die Seite, automatisch,
beispielsweise für beliebig viele andere Sprachen,
neu übersetzt werden, ohne daß noch jemand etwas
tun muß.
Vorteil: Zeit und Arbeit werden eingespart, weil
Änderungen, für im Layout vergleichbare Seiten, nur
einmal vorgenommen werden müssen, im Muster-
Text-Dokument.

## *Vorteile SSP*

Die datenbankgestützte Produktionsweise bietet eine
Reihe von Vorteilen:

- Automatisierung der Entwicklung und Pflege von
  WebSites wird möglich.
- Nicht-HTML-Fachleute sind in der Lage, den
  Inhalt der HTML-Seite zu pflegen.
- Die WebSite läßt sich problemlos in
  verschiedenen Sprach-Versionen erzeugen.
- Inhalte der WebSite können problemlos (weil
  Datensatz) in anderen Zusammenhängen weiter
  verwendet werden (Technische-Dokumentation,
  Handbücher, Anschreiben usw.), alles aus einer
  Quelle (Single Source).
- Die Inhalte der WebSite können problemlos (weil
  Datensatz) in verschiedenen Layouts dargestellt
  werden. So ist es beispielsweise ohne großen
  Aufwand möglich, Inhalte (parallel) in einer
  Frame-Version, in einer Version ohne Frames
  und in einer nur Text-Version aufzubereiten und
  darzustellen. Der Leser der Seiten sucht sich
  dann, nach persönlichen Vorlieben und/oder
  dem vorhandenen Browser, die für Ihn
  günstigste Darstellungsweise aus.

Die eben genannten Vorteile gelten ganz allgemein für die datenbankgestützte Produktion und Pflege von HTML-Seiten. Also, sowohl für SSP-Seiten als auch auf anderem Wege produzierte Seiten, beispielsweise ASP-Seiten. Die SSP-Technologie bietet aber noch eine Reihe von spezifischen Vorteilen, die so nur für die SSP-Technologie zutreffen:

- Komplexe WebSites können ohne Programmier-Kenntnisse produziert und gepflegt werden. Damit sind Fachleute des darzustellenden Themas in der Lage eine WebSite zu produzieren und zu pflegen, ohne die Hilfe von Programmierern.
- Bestehende WebSites können mit geringem Aufwand in SSP-WebSites umgewandelt werden.
- Es muß keine Spezialsoftware erworben und erlernt werden. SSP läßt sich mit jeder Datenbank und jeder modernen Textverarbeitung realisieren.

## *Vor- bzw. Nachteile gegenüber ASP*

Vorteile von SSP gegenüber ASP:

* SSP-Seiten können ‚offline', beispielsweise auf CDROM weitergegeben werden.
* Es sind keine speziellen Programmier-Kenntnisse erforderlich. Endprodukt ist eine ‚normale' HTML-Seite.
* Auf dem WebServer muß keine Datenbank laufen.
* SSP-Seiten belasten den WebServer deutlich weniger als ASP-Seiten.

Nachteil gegenüber ASP:

* Die Seite wird nicht in Echt-Zeit produziert, SSP ist also nicht für zeitkritische Anwendungen (beispielsweise aktuelle, sekundengenaue Börsenkurse) geeignet.

## *Wann ist der Einsatz von SSP sinnvoll?*

Es gibt nur eine Anwendung, bei welcher der Einsatz von SSP nicht sinnvoll ist, bei der Darstellung von Informationen in Echt-Zeit, beispielsweise bei der Anzeige aktueller Börsenkurse in Sekundengenauigkeit.

Jede andere, nicht zeitkritische WebSite, kann von der SSP-Technologie profitieren. Dabei steigt der Nutzen für die einzelne WebSite in dem Maße, wie die WebSite komplexer, umfangreicher und/oder vielsprachiger wird.

Selbstverständlich lassen sich in SSP-Seiten Frames, JavaScript, usw. integrieren.

## *Wer kann SSP sinnvoll nutzen?*

Jeder, der eine WebSite produzieren und pflegen möchte, und mit Textverarbeitung und Datenbank umgehen kann, kann von der SSP-Technologie profitieren. Angefangen beim Bastler einer privaten HomePage, über den Internet-Profi, bis hin zu Internet-Dienstleistern bzw. Providern.

Fertige Layouts und Anwendungen (beispielsweise eine Terminverwaltung über Internet) stehen unter http://www.static-server-pages.de zum Download bereit. Das Paßwort lautet: GCLHNB0999

Für eine nicht kommerzielle Nutzung sind Layouts und Anwendungen kostenlos. Die kommerzielle Nutzung von Layouts und/oder Anwendungen ist nach der Entrichtung einer geringen Lizenzgebühr möglich.

Vorteile für Bastler:

- Produktion und Pflege (auch komplexer WebSites) ohne Programmier-Kenntnisse, wenn Muster-Layouts verwendet werden

Vorteile für Profis:

- Die Produktion und Pflege von WebSites läßt sich automatisieren.
- Änderungen im Quelltext müssen nur einmal, am Muster-Text-Dokument vorgenommen werden. Anschließend kann der geänderte Quelltext in beliebig vielen HTML-Seiten wiederverwendet werden.
- Die Entwicklung und Pflege verschiedener Sprach-Versionen, ein- und derselben WebSite, wird dramatisch vereinfacht.
- Änderungen am Inhalt der Seite werden nicht im Quelltext vorgenommen, nicht beabsichtigte Änderungen des Quelltextes sind damit ausgeschlossen.
- Es läßt sich ein Layout durchsetzen, auch wenn mehrere Programmierer an ein- und derselben WebSite arbeiten.
- Das Layout umfangreicher und/oder komplexer WebSites läßt sich schnell und sicher ändern.
- SSP-Seiten sind im hohem Maße recyclingfähig.
- Auch Nicht-Programmierer können den Inhalt der WebSite ändern.

Fertige Layouts und Anwendungen stehen zum Download bereit (Siehe Seite 11).

Vorteile für Dienstleister bzw. Provider

Dienstleister bzw. Provider könnten Ihren Kunden die Produktion und Pflege von WebSites ohne jegliche Programmier-Kenntnisse ermöglichen. Das zu verwendende Layout wird online ausgewählt. Anschließend geben die Kunden Ihre Inhalte in entsprechende Formulare ein. Die ausgefüllten Formulare werden per Email an den Dienstleister bzw. Provider geschickt. Dort wird aus den Inhalten automatisch eine WebSite generiert.

Dieses Verfahren eignet sich nicht nur für einige wenige Seiten. Im Gegenteil, mit diesem Verfahren können auch umfangreiche und komplexe WebSites ohne jegliche Programmier-Kenntnisse produziert und gepflegt werden.

Dienstleister bzw. Provider könnten einen erheblichen Mehrnutzen bieten, und dieses mit geringstem Einsatz von Ressourcen.

Fertige Layouts und Anwendungen stehen zum Download bereit (Siehe Seite 11).

## *Hard- und Software-Voraussetzungen*

SSP ist plattformübergreifend und an keine bestimmte Hard- oder Software gebunden.

Um diese Technologie einsetzen zu können, benötigen Sie lediglich eine Textverarbeitung mit Serienbrieffunktion (beispielsweise Microsoft Word) und eine Datenbank (beispielsweise Microsoft Access), welche Sie mit der Textverarbeitung über die Serienbrieffunktion verknüpfen können.

Entsprechende Software sollte in jedem Unternehmen im Einsatz sein. Sie müssen also keine spezielle Software erwerben und lernen, um SSP einzusetzen.

Die in diesem Buch beschriebene SSP-Muster-WebSite basiert auf den Programmen Microsoft Word und Microsoft Access.

**Kapitel 2**

# Die SSP-Muster-WebSite

Wir haben uns bemüht, dieses Buch möglichst praxisnah zu gestalten. Aus diesem Grund werden wir die Entwicklung eines konkreten Projektes beschreiben, welches sich wie ein roter Faden durch dieses Buch ziehen wird.

Die Aufgabenstellung des Projektes ist eine einfache WebSite, auf welcher ein Programm zur Maß-schnittmusterkonstruktion (Damenoberbekleidung) vorgestellt wird. Interessenten sollen die Möglichkeit erhalten, eine Test-Version zu laden, die Voll-Version zu bestellen und/oder per Email mit den Machern des Programmes in Kontakt zu treten.

Innerhalb der WebSite soll man leicht navigieren können. Zu diesem Zweck soll jede Seite, wenn sinnvoll, einen Verweis auf die vorherige Seite, auf die folgende Seite, auf die nächst höhere Ebene und einen Verweis auf die Start-Seite besitzen.

Die WebSite soll es in einer deutschen, einer englischen und einer französischen Version geben.

# Die SSP-Muster-WebSite

Die Struktur der Muster-WebSite:

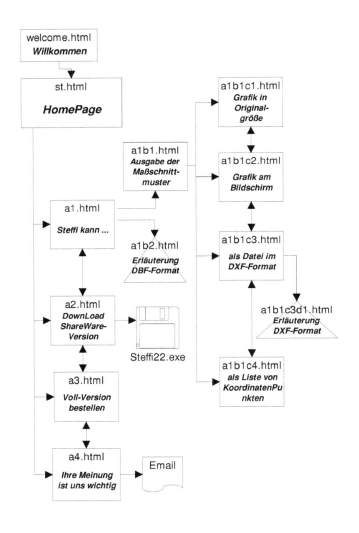

In der Grafik sind nur strukturelle Beziehungen zwischen den einzelnen HTML-Seiten abgebildet. Strukturelle Beziehungen sind Beziehungen, welche sich aus der Struktur der WebSite ergeben.

Nicht abgebildet sind die Beziehungen, welche sich aus dem Inhalt der HTML-Seite ergeben. Beispielsweise wird im Text der Bestellseite (a3.html) auf die Möglichkeit des Downloads der Testversion hingewiesen - selbstverständlich mit einem entsprechenden Link. Dieser Link ist in der obigen Grafik nicht abgebildet.

Das fertige Projekt können Sie sich unter http://www.static-server-pages.de/muster0999/ ansehen.

## *Installation der SSP-Muster-WebSite*

Sie haben die Möglichkeit, alle in diesem Buch beschriebenen Beispiele auf Ihrem eigenen Computer nachzuvollziehen. Auf unserer WebSite http://www.static-server-pages.de steht eine entsprechende Datei zum Download bereit. Verwenden Sie bitte das Paßwort:

**GCLHNB0999**

Nach dem Download und der anschließenden Installation sollte die folgende Verzeichnisstruktur auf Ihrem Computer entstanden sein:

| Pfad | Inhalt |
|---|---|
| C:\SSP_WebSite | die deutschen HTML-Seiten |
| C:\SSP_WebSite\grafik | die deutschen Grafiken |
| C:\SSP_WebSite\com | die englischen HTML-Seiten |
| C:\SSP_WebSite\com\grafik | die englischen Grafiken |
| C:\SSP_WebSite\fr | die französischen HTML-Seiten |
| C:\SSP_WebSite\fr\grafik | die französischen Grafiken |
| C:\SSP_WebSite\db | die Datenbank, welche die Inhalte der WebSite enthält |
| C:\SSP_WebSite\Master_Seiten | Master-DOC-Dateien, enthalten die Struktur der einzelnen HTML-Seiten |

## *Vollständige SSP-Muster-WebSite generieren*

Wenn Sie die SSP-Muster-WebSite auf Ihrem Computer installiert haben, können Sie jetzt daran gehen, die SSP-Muster-WebSite das erste Mal vollständig zu generieren. Gehen Sie dazu wie folgt vor:

1. Öffnen Sie Microsoft Word
2. Öffnen Sie die Datei
   c:\SSP_WebSite\Master_Seiten\_make_all.doc
3. Starten Sie das Makro Make_all,
   <StrG>+<Num 0>

Jetzt generiert Ihr Computer die vollständige, deutsche, englische und französische WebSite. Dieser Vorgang wird einige Zeit dauern. Die generierten deutschen HTML-Seiten finden Sie im Verzeichnis c:\SSP_WebSite, die englischen im Verzeichnis c:\SSP_WebSite\com und die französischen im Verzeichnis c:\SSP_WebSite\fr. Start-Seite ist jeweils die Datei „welcome.html".

**Hinweis:**
Die Produktion der vollständigen WebSite kann, abhängig von Ihrem System, 30 Minuten oder länger dauern.

Kapitel 3

# Grundsätzlicher Aufbau einer SSP-WebSite

HTML-Seiten, welche mit der SSP-Technologie generiert wurden unterscheiden sich im Ergebnis durch nichts von HTML-Seiten, welche auf konventionelle Weise produziert wurden. Der Unterschied zwischen SSP-Seiten und herkömmlichen HTML-Seiten besteht nicht im Resultat, sondern in der Produktion und Pflege der HTML-Seiten.

Ein wesentliches Merkmal der SSP-Technologie besteht in der Trennung von Struktur/Layout und dem Inhalt der einzelnen HTML-Seiten. Die Struktur der HTML-Seite: Header, Tabellen usw. sowie das Layout der HTML-Seite: Navigationsleiste(n), Breite der HTML-Seite usw. sind in sogenannten „Master-Seiten" festgelegt. Master-Seiten sind Text-Dokumente mit Serienbrief-Funktion, welche den Quellcode einer HTML-Seite (ohne Inhalt) enthalten. Eine Master-Seite kann die Vorlage für beliebig viele HTML-Seiten gleicher Struktur bilden. Eine HTML-Seite kann aber immer nur eine Master-Seite als Vorlage haben.

## Grundsätzlicher Aufbau einer SSP-WebSite

Die Master-Seiten der SSP-Muster-WebSite finden Sie im Verzeichnis c:\SSP_WebSite\Master_Seiten.

Der Inhalt der HTML-Seite ist in einer Datenbank gespeichert. Ein Datensatz dieser Datenbank entspricht einem Strukturelement in der fertigen HTML-Seite, also beispielsweise einer Grafik, einem Text-Abschnitt, einem Verweis usw.

Beim Generieren der HTML-Seite(n) werden die Inhalte aus der Datenbank in die Master-Seite eingefügt und die Master-Seite, unter dem entsprechenden Namen, als HTML-Seite gespeichert.

Dieser Vorgang benötigt keinerlei Eingriffe von außen. Die Master-Seiten verfügen über genügend Intelligenz, um die verschiedenen Strukturelemente zu erkennen und entsprechend den HTML-Konventionen in die HTML-Seite einzufügen.

## *Die Systematik, nach welcher die HTML-Seiten numeriert werden*

Eine WebSite ist kein Buch, trotzdem sollte es auch in Hypertext-Dokumenten lineare Sequenzen geben, Abschnitte, in welchen man „blättern" kann, wie in einem Buch. Mit anderen Worten, auch wenn man in Hypertext-Dokumenten kreuz und quer springen kann und soll, ist es sehr wohl sinnvoll, sich um die grundlegende Struktur des Dokumentes Gedanken zu machen.

Diesem Gedanken trägt die SSP-Technologie, unter anderem durch die Systematik der Numerierung der einzelnen HTML-Seiten, Rechnung. Wesentlich ist in diesem Zusammenhang, daß die Bezeichner der einzelnen HTML-Seite deren Stellung in der Struktur beschreiben und nicht den Inhalt der HTML-Seite!

Jede einzelne HTML-Seite der WebSite ist durch eine alphanumerische Nummer eindeutig bezeichnet. Beispielsweise hat die HTML-Seite, auf welcher das DXF-Format erläutert wird, die Nummer A1B1C3D1.

Die WebSite gliedert sich in verschiedene Hierarchie-Ebenen. Die Hierarchie-Ebenen sind fortlaufend, in alphabetischer Reihenfolge, beginnend mit dem Buchstaben A, bezeichnet. Die Ebene A ist die erste Ebene nach der Start-Seite, d.h.: die HTML-Seiten dieser Ebene erreicht man über einen Link auf der Start-Seite. Die Ebene B ist die zweite Ebene nach der Start-Seite, d.h.: die HTML-Seiten dieser Ebene erreicht man über einen Link, auf einer HTML-Seite der Ebene A. usw. usf.

In der Regel repräsentieren die Hierarchie-Ebenen verschiedenen Abstraktions-Stufen. D.h., die Inhalte auf HTML-Seiten der A-Ebene werden allgemeiner und weniger detailliert sein, als die Inhalte der HTML-Seiten der B-Ebene. Gleiches gilt für die B-Ebene im Vergleich zur C-Ebene usw. usf.

Bezeichner für HTML-Seiten setzen sich, innerhalb der SSP-Technologie, aus Buchstaben und Zahlen zusammen. Beispielsweise ist A1.html ein typischer Name für eine HTML-Seite, nach den Konventionen der SSP-Technologie. Dabei steht der Buchstabe A für die Hierarchie-Ebene (A-Ebene=erste Ebene nach der Start-Seite, die HTML-Seiten dieser Ebene sind über die Start-Seite zu erreichen). Die Ziffer 1 bedeutet, daß diese HTML-Seite über den ersten strukturellen Link in der Start-Seite zu erreichen ist. Demzufolge ist die HTML-Seite A2.html die HTML-

Seite der A-Ebene, welche über den zweiten strukturellen Link der Start-Seite zu erreichen ist.

Die weiteren Hierarchie-Ebenen werden ebenso bezeichnet. Dabei ist zu beachten, daß dem eigentlichen Bezeichner der HTML-Seite der lineare Weg dorthin vorangestellt wird.

Beispielsweise bezeichnet A1B1.html die HTML-Seite der B-Ebene, welche über den ersten strukturellen Link der HTML-Seite A1.html zu erreichen ist. Demzufolge bezeichnet A1B2.html die HTML-Seite der B-Ebene, welche über den zweiten strukturellen Link der HTML-Seite A1.html zu erreichen ist und A2B1.html die HTML-Seite der B-Ebene, welche über den ersten strukturellen Link der HTML-Seite A2.html zu erreichen ist.

Schematische Darstellung der Beschriftung:

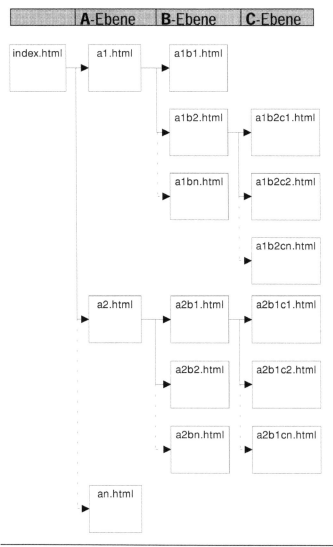

| A-Ebene | B-Ebene | C-Ebene |

In der alphanumerischen Nummer einer HTML-Seite sind alle Seiten, welche dieser HTML-Seite innerhalb der Struktur der WebSite voraus gegangen sind, enthalten. Mit anderen Worten: über die Nummer einer Seite läßt sich der lineare Weg zu dieser Seite ablesen.

Beispiel:
Sie erreichen die HTML-Seite A1B1C3D1.html (Erläuterung des DXF-Formates) indem Sie, beginnend bei der Start-Seite,

1.  Die HTML-Seite A1.html (Steffi stellt sich vor) aufrufen;

2.  Die HTML-Seite A1B1.html (verschiedene Möglichkeiten der Ausgabe des Maßschnittmusters) aufrufen;

3.  Die HTML-Seite A1B1C3.html (Ausgabe des Maßschnittmusters als DXF-Datei) aufrufen;

4.  Die HTML-Seite A1B1C3D1.html (Erläuterung des DXF-Formates) aufrufen.

# Grundsätzlicher Aufbau einer SSP-WebSite

Kapitel 4

# SSP-Muster-WebSite ändern

Nachdem Sie die SSP-Muster-WebSite auf Ihrem Computer installiert und die vollständige SSP-Muster-WebSite produziert haben, zeigen wir Ihnen hier, wie Sie die SSP-Muster-WebSite Ihren Wünschen und Bedürfnissen anpassen können.

Sie können so ohne viel Aufwand Ihre eigene SSP-WebSite (auf der Basis der SSP-Muster-WebSite) produzieren.

Nur in Ausnahmefällen werden Sie eine völlig neue SSP-WebSite produzieren müssen.

Wie Sie die SSP-Muster-WebSite erweitern (Seiten hinzufügen usw.), erfahren Sie in einem eigenen Kapitel.

## *Inhalte der*
## *SSP-Muster-WebSite ändern*

Alle Inhalte der WebSite sind in einer Datenbank, c:\SSP_WebSite\db\master.mdb, gespeichert. Ein Datensatz dieser Datenbank entspricht je einem Strukturelement in dieser Seite. Beispielsweise einer Grafik, einem Text-Absatz, einem Verweis usw.

Um die Inhalte der WebSite zu ändern, müssen Sie daher die Inhalte in dieser Datenbank ändern, und anschließend die WebSite neu generieren.

Gehen Sie wie folgt vor:

1. Öffnen Sie Microsoft Access
2. Öffnen Sie die Datei
   c:\SSP_WebSite\db\master.mdb
3. Öffnen Sie das Formular der HTML-Seite, welche Sie ändern möchten (beispielsweise welcome_deutsch_Edit, um die deutsche HTML-Seite welcome.html zu editieren).


Es erscheint eine Maske, welche sich in drei Abschnitte gliedert.

## 1. Abschnitt, grundlegende Informationen

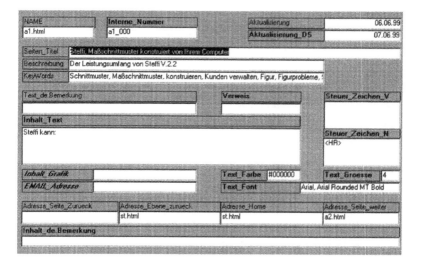

## 2. Abschnitt, die darzustellende Grafik

## 3.Abschnitt, Email-Adresse

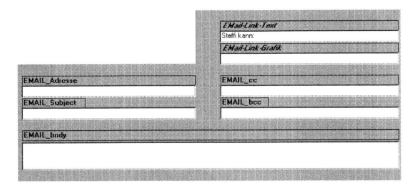

Innerhalb dieser Maske können Sie die Inhalte der jeweiligen HTML-Seite ändern.

Welche Daten Sie in welchem Abschnitt editieren können, entnehmen Sie bitte der folgenden Tabelle.

| | |
|---|---|
| 1. Abschnitt | Grundlegende Informationen, der darzustellende Text- sowie Struktur-Informationen usw. |
| 2. Abschnitt | Die darzustellende Grafik, Größe, Alternativ-Text, usw. |
| 3. Abschnitt | Email-Adresse, Email-Subject usw. |

In der Maske wird jeweils ein Datensatz der Tabelle angezeigt, in welcher die Inhalte der jeweiligen HTML-Seite gespeichert sind. In der dargestellten Maske ist das der erste Datensatz der HTML-Seite welcome.html. Dieser Datensatz enthält die Grafik (titel.gif), welche in der HTML-Seite dargestellt wird. Der Text der HTML-Seite welcome.html steht im zweiten Datensatz.

**Hinweis**:
Die Felder in der Maske, welche mit der typographischen Auszeichnung **Fett** beschriftet sind, enthalten Inhalte, welche sich auf einen einzelnen Datensatz (Strukturelement) beziehen (beispielsweise Aktualisierung_DS, Verweis, Inhalt_Text usw.). Die anderen Felder in der Maske enthalten Inhalte, welche für alle Datensätze (Strukturelemente) der HTML-Seite gültig sind (beispielsweise der Name der HTML-Seite, der Seiten-Titel usw.)

Die Felder in der Maske, welche mit der typographischen Auszeichnung *Kursiv* beschriftet sind, können an dieser Stelle in der Maske nicht editiert werden.

## Text ändern

Der in der HTML-Seite darzustellende Text kann, in dem Feld „Inhalt_Text", editiert werden. Schreiben Sie den Text mit allen Umlauten und Sonderzeichen, aber ohne Absätze. Umlaute und Sonderzeichen werden beim Produzieren der HTML-Seiten automatisch durch den entsprechenden HTML-Code ersetzt. Ein Absatz in der HTML-Seite ist ein eigenständiges Strukturelement, mit einem eigenen Datensatz. Demzufolge verwenden Sie bitte für einen neuen Absatz auch einen neuen Datensatz.

Optional können Sie die Textfarbe, die Textgröße und/oder den zu verwendenden Textfont in den entsprechenden Feldern festlegen. Die Festlegungen gelten ausschließlich für das aktuelle Strukturelement, hier der Text "Maß-Schnittmuster, konstruiert von Ihrem Computer". Lassen Sie die entsprechenden Felder leer, wird der Text mit Standard-Optionen angezeigt.

## Grafik ändern

Die in der HTML-Seite darzustellende Grafik kann, in dem Feld „Inhalt_Grafik", geändert werden.

Tragen Sie im Feld „Inhalt_Grafik" den Namen der Grafik ein, welche angezeigt werden soll.

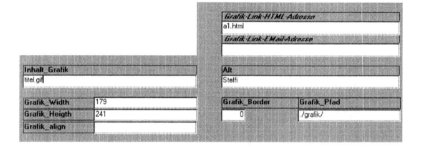

Optional können Sie der darzustellenden Grafik eine Reihe von Informationen mitgeben. Neben der Breite und Höhe der Grafik ist das auch der Alternativtext zur Grafik und die Breite des Rahmens um die Grafik. Diese Felder sollten (müssen aber nicht) ausgefüllt werden.

Der Grafik-Pfad muß angegeben werden, wenn sich die Grafiken nicht in dem selben Verzeichnis befinden wie die HTML-Seiten.

In den Feldern "*Grafik-Link-HTML-Adresse*" bzw. "*Grafik-Link-EMail-Adresse*" wird, so vorhanden, die Adresse angezeigt auf welche die Grafik verweist. Diese Felder können an dieser Stelle in der Maske nicht editiert werden. Zum Editieren der Inhalte wechseln Sie bitte in das Feld "Verweis" bzw. "EMAIL_Adresse".

## Email ändern

Der in der HTML-Seite darzustellende Verweis-Text
bzw. die darzustellende Verweis-Grafik für den Link
wird an dieser Stelle nur angezeigt. Editiert werden
können diese in den Feldern „Inhalt_Text"
(1.Abschnitt) bzw. „Inhalt_Grafik" (2.Abschnitt)
desselben Datensatzes.

Tragen Sie im Feld „EMAIL_Adresse" die Email-
Adresse ein, an welche die Email geschickt werden
soll.

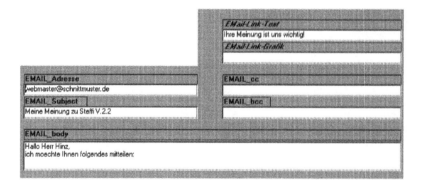

Optional können Sie ein Subject für die Email, einen
vorformulierten Text, einen sichtbaren und einen
unsichtbaren Kopie-Empfänger angeben.

In den Feldern "*EMail-Link-Text*" bzw. "*EMail-Link-Grafik*" wird der Text bzw. die Grafik angezeigt, über welche der Link zu aktivieren ist. Die Inhalte dieser Felder können an dieser Stelle in der Maske nicht editiert werden. Zum Editieren der Inhalte wechseln Sie bitte in das Feld "Inhalt_Text" bzw. "Inhalt_Grafik".

**Hinweis:**
Der Text, bzw. die Grafik, über den der Anwender den Email-Link aktivieren kann wird in den Feldern "Link-Text" bzw. "Link-Grafik" nur dargestellt. Ändern können Sie den Text ausschließlich in den Feldern "Inhalt_Text" bzw. "Inhalt_Grafik".

## Struktur der SSP-Muster-WebSite ändern

Mit der Struktur der WebSite ist hier die Stellung der einzelnen HTML-Seite innerhalb der WebSite gemeint. Also, von welcher anderen HTML-Seite wird auf diese HTML-Seite verwiesen, und auf welche andere HTML-Seite verweist diese HTML-Seite? Nicht gemeint sind in diesem Zusammenhang Verweise, welche sich auf der Seite aus deren Inhalt ergeben (Bsp. Verweise auf andere WebSites).

Entsprechende Änderungen nehmen Sie in dem dargestellten Abschnitt des Formulars vor. Tragen Sie in das entsprechende Feld den Namen der HTML-Seite ein, auf welche verwiesen werden soll.

| Adresse_Seite_Zurueck | Adresse_Ebene_zurueck | Adresse_Home | Adresse_Seite_weiter |
|---|---|---|---|
|  | st.html | st.html | a2.html |

**Hinweis:**
Die, in diesem Abschnitt eingetragenen Daten, werden für die gesamte HTML-Seite übernommen. Es ist also unwichtig, in welchem Datensatz Sie diese Änderungen vornehmen.

## *Layout der SSP-Muster-WebSite ändern*

Mit Layout der einzelnen HTML-Seite ist hier der strukturelle Aufbau der HTML-Seite, Header, Navigationsleiste(n), Breite, Tabellen usw., gemeint.

Das Layout der einzelnen HTML-Seite ist in einer sogenannten Master-Seite gespeichert. Master-Seiten sind DOC-Dateien. Diese enthalten den Quellcode einer HTML-Seite (ohne Inhalt). Eine Master-Seite kann die Vorlage für beliebig viele HTML-Seiten bilden. Eine HTML-Seite kann aber immer nur eine Master-Seite als Vorlage haben.

Beim Generieren der HTML-Seite(n) werden die Inhalte aus der Datenbank in die Master-Seite eingefügt und die Master-Seite, unter dem entsprechenden Namen, als HTML-Seite gespeichert.

Wenn Sie also das Layout einer oder mehrerer HTML-Seiten ändern möchten, müssen Sie die dazu gehörige Master-Seite (also die DOC-Datei) ändern und die WebSite neu generieren lassen.

Das Layout der Seiten „welcome.html" (Willkommenseite) und „a3.html" (Bestellseite) weicht vom Layout der anderen HTML-Seiten ab. Aus diesem Grund haben diese Seiten jeweils eine eigene Master-Seite (welcome.doc bzw. bestell_formular.doc). Alle anderen HTML-Seiten werden über die „master_seite.doc" produziert.

Die entsprechenden Master-Seiten befinden sich im Verzeichnis c:\SSP_WebSite\Master_Seiten.

**Hinweis**:
Nehmen Sie Änderungen an einer Master-Seite nur vor, nachdem Sie die Feldfunktionen für das gesamte Dokument eingeschaltet haben (alle Felder werden angezeigt, auch wenn diese leer sind). Sie müssen sonst mit nicht gewollten Änderungen an der Master-Seite rechnen.

**Kapitel 5**

# Eigene SSP-Projekte entwickeln

Die Produktion einer neuen SSP-WebSite ist mit nicht unerheblichem Aufwand verbunden.

Deutlich weniger Aufwand ist notwendig, wenn Sie eine existierende SSP-WebSite Ihren Anforderungen anpassen. Sie können die SSP-Muster-WebSite (und auch andere) unter:

http://www.static-server-pages.de

beziehen.

Wenn Änderungen an existierenden WebSites nicht mehr ausreichen um Ihre Vorstellungen umzusetzen, sollten Sie daran gehen, ein eigenes SSP-Projekt zu entwickeln.

Auf den folgenden Seiten werden wir Ihnen einen groben Überblick geben, wie Sie ein eignes SSP-Projekt produzieren können.

### *Planung der SSP-WebSite*

Legen Sie zunächst die Aufgaben, Ziele und Inhalte der zu produzierenden WebSite fest. Auf diese Arbeitsschritte können wir im Rahmen dieses Buches nicht näher eingehen. Sollten Sie Fragen zu diesem Thema haben, empfehlen wir Ihnen den exzellenten Online-Kurs von Stefan Münz: http://www.teamone.de/selfhtml/

Sind die Aufgaben, Ziele und Inhalte klar formuliert, sollte sich die Struktur der WebSite problemlos daraus ableiten lassen.

Zeichnen Sie die Struktur auf, am Besten auf ein Stück Papier. Notieren Sie, welche Seite in der Struktur welche Inhalte enthalten soll. Bezeichnen Sie die einzelnen Seiten entsprechend den SSP-Konventionen .

Scheuen Sie sich dabei nicht, ein- und denselben Inhalt mehrmals, also an verschiedenen Stellen in der Struktur der WebSite darzustellen.

## *Die Datenbank produzieren*

Alle Inhalte welche in der WebSite dargestellt
werden sollen, werden in einer Datenbank
gespeichert, in der Datenbank-Datei „master.mdb".

Bevor Sie die Inhalte der WebSite in der Datenbank
ablegen können, müssen Sie die Datenbank
zunächst produzieren.

Die Datenbank-Datei „master.mdb" setzt sich aus
verschiedenen Tabellen, Abfragen und Formularen
zusammen.

## Die Tabellen

Alle, für die SSP-Muster-WebSite benötigten
Tabellen, stehen in der folgenden Auflistung:

| Tabelle | Inhalt |
|---|---|
| Master | Grundlegende Daten, welche für alle Sprachversionen gültig sind. |
| Master_de | Grundlegende Daten, welche nur für die deutsche WebSite gültig sind |
| Inhalt_de | die Inhalte der deutschen WebSite |
| Struktur_de | die Struktur der deutschen WebSite |
| Text_de | besondere deutsche Texte (Seitentitel, Schlüsselwörter usw.) |
| Master_com | Grundlegende Daten, welche nur für die englische WebSite gültig sind |
| Inhalt_com | die Inhalte der englischen WebSite |
| Struktur_com | die Struktur der englischen WebSite |
| Text_com | besondere englische Texte (Seitentitel, Schlüsselwörter usw.) |
| Master_fr | Grundlegende Daten, welche nur für die französische WebSite gültig sind |
| Inhalt_fr | die Inhalte der französischen WebSite |
| Struktur_fr | die Struktur der französischen WebSite |
| Text_fr | besondere französische Texte (Seitentitel, ..) |

## Die Tabelle „Master"

Die Tabelle „Master" nimmt eine Sonderstellung unter den Tabellen ein. Sie ist für alle Sprachversionen gültig. Alle anderen Tabellen sind an eine Sprachversion gebunden.

In der Tabelle „Master" werden grundlegende Daten gespeichert, welche für alle Sprachversionen der WebSite gültig sind. In jedem Fall ist das der Name HTML-Seite. Darüber hinaus könnten das Informationen über die Schriftfarbe, Hintergrundbilder usw. sein.

Die Tabelle „Master" enthält für jede HTML-Seite der WebSite einen Datensatz, unabhängig davon, in wie vielen Sprachversionen die Seite produziert wird.

Die Tabelle „Master" steht in engem Zusammenhang mit den Master-Tabellen der einzelnen Sprachversionen, beispielsweise „Master_de". Alle grundlegenden Informationen, welche nicht in der Tabelle „Master" gespeichert sind, müssen in den Master-Tabellen der einzelnen Sprachversionen gespeichert werden. Dieses Konzept ermöglicht einen flexiblen Umgang mit den einzelnen Sprachversionen der WebSite. So lassen sich beispielsweise verschiedene Sprachversionen mit verschiedenen Schriftfarben darstellen.

## Die Tabelle für grundlegende Daten einer Sprachversion

Die Tabelle für grundlegende Daten einer Sprachversion der WebSite wird mit „Master_" und der Landeskennung bezeichnet. Also, beispielsweise für die deutschsprachige Version „Master_de", für die englischsprachige Version „Master_com" usw. usf.

Die Tabellen für die grundlegenden Daten einer Sprachversion der WebSite enthalten, für jede HTML-Seite der WebSite, einen Datensatz, unabhängig davon, in wie vielen Sprachversionen die HTML-Seite produziert wird.

In den einzelnen Datensätzen stehen jeweils die grundlegenden Daten (beispielsweise Schriftfarbe, Hintergrund-Grafik, usw.) für eine HTML-Seite.

**Hinweis:**
Eine Aufstellung aller Datenfelder, einschließlich Erläuterungen, finden Sie im Anhang.

## Die Tabelle für die Inhalte der Sprach-Version

Die Tabelle für die Inhalte der Sprach-Version wird mit „Inhalt_" und der jeweiligen Landeskennung bezeichnet. Also, beispielsweise für deutschsprachige Inhalte „Inhalt_de", für englischsprachige Inhalte „Inhalt_com" usw. usf.

In den Tabellen für die Inhalte der WebSite könnte es theoretisch zu jeder HTML-Seite eine unbegrenzte Anzahl an Datensätzen geben. In der Praxis hat sich jedoch eine Beschränkung auf 100 Datensätze je HTML-Seite bewährt.

In jedem Datensatz steht jeweils ein Struktur-Element der HTML-Seite (Text-Abschnitt, Grafik, Verweis usw.). Jeder Datensatz ist durch eine einmalige, alphanumerische Nummer zu identifizieren. Die alphanumerische Nummer dient u.a. der Sortierung der Datensätze.

**Hinweis:**
Eine Aufstellung aller Datenfelder, einschließlich Erläuterungen, finden Sie im Anhang.

## Die Tabelle für Struktur-Informationen der Sprach-Version

Die Tabelle für Struktur-Informationen der Sprach-Version wird mit „Struktur_" und der Landeskennung bezeichnet. Also, beispielsweise für die deutschsprachige Version „Struktur_de", für englischsprachige Version „Struktur_com" usw. usf.

In der Tabelle, in welcher die Struktur-Informationen der Sprach-Version gespeichert sind, existiert für jede HTML-Seite genau ein Datensatz. In diesem Datensatz stehen Layout- und Struktur–Informationen für diese HTML-Seite.

Struktur-Informationen sind unter anderem der Name der HTML-Seite welche (innerhalb der Struktur der WebSite) dieser HTML-Seite folgen soll, bzw. welche HTML-Seite dieser HTML-Seite vorausgegangen ist.

**Hinweis:**
Eine Aufstellung aller Datenfelder, einschließlich Erläuterungen, finden Sie im Anhang.

## Die Tabelle für besondere Texte der HTML-Seiten

Die Tabelle für besondere Texte wird mit „Text_" und der Landeskennung bezeichnet also beispielsweise für deutschsprachige Texte „Text_de", für englischsprachige Texte „Text_com" usw. usf.

In den Tabellen für besondere Texte der einzelnen Sprach-Versionen, beispielsweise Text_de, gibt es für jede HTML-Seite genau einen Datensatz.

In diesen Datensätzen stehen unter anderem Informationen für den Header der HTML-Seite (Seitentitel, Schlüsselwörter usw.), Copyright-Hinweise, alternativ Text für Navigations-Buttons usw. usf.

**Hinweis:**
Eine Aufstellung aller Datenfelder, einschließlich Erläuterungen, finden Sie im Anhang.

## Die Abfragen

Für jede HTML-Seite der SSP-WebSite existieren für
jede Sprachversion zwei Abfragen. Eine Abfrage
dient der Produktion der HTML-Seite. Über die
andere Abfrage wird der Inhalt der Tabellen editiert.

Die Namen der Abfragen ergeben sich aus dem
Namen der dazugehörenden HTML-Seite, der
Sprach-Version der HTML-Seite und gegebenenfalls
dem Zusatz "_Edit", wenn es sich um die Abfrage
zum Editieren der Inhalte der HTML-Seite handelt.

Die Abfragen für die deutsche HTML-Seite „a1.html"
heißen „A1_deutsch" und „A1_deutsch_edit".

## Die Produktions-Abfrage

Die Produktions-Abfrage bildet die Grundlage für die Produktion der HTML-Seite. Der Name der Produktions-Abfrage setzt sich zusammen aus dem Namen der zu produzierenden HTML-Seite, und der Sprache der HTML-Seite. Die Produktions-Abfrage für die deutsche HTML-Seite „a1.html" heißt beispielsweise „a1_deutsch".

In der Produktions-Abfrage werden die Tabellen „Inhalt_de", „Master", „Master_de", „Text_de" und „Struktur_de" über das Feld „Name" verknüpft. Es werden nur die Datensätze verknüpft, welche im Feld „Namen" den gleichen Bezeichner haben, beispielsweise „a1.html". Darüber hinaus werden nur Datensätze verknüpft, welche sowohl dem gefor-derten Sicherheits-Level entsprechen als auch ein gültiges Aktualisierungs-Datum besitzen. Sortiert werden die Datensätze über das Feld „Interne Nummer", in aufsteigender Reihenfolge.

## Bemerkung:
Die Editier-Abfrage und die Produktions-Abfrage unterscheidet sich darin, daß in der Editier-Abfrage alle Datensätze und in der Produktions-Abfrage nur die Datensätze verknüpft werden, welche sowohl dem geforderten Sicherheits-Level entsprechen als auch ein gültiges Aktualisierungs-Datum besitzen.

## Die Editier-Abfrage

Die Editier-Abfrage bildet die Grundlage für das Formular, in welchem die Inhalte und Strukturen der WebSite komfortabel editiert werden können. Der Name der Editier-Abfrage setzt sich zusammen aus dem Namen der HTML-Seite (deren Inhalt und Struktur zu editieren ist), der verwendeten Sprache, und dem Zusatz „_Edit". Die Editier-Abfrage für die deutsche HTML-Seite „a1.html" heißt beispielsweise „a1_deutsch_Edit".

In der Editier-Abfrage werden die Tabellen „Inhalt_de", „Master", „Master_de", „Text_de" und „Struktur_de" über das Feld „Name" verknüpft. Es werden nur die Datensätze verknüpft, welche im Feld „Namen" den gleichen Bezeichner haben, beispielsweise „a1.html". Sortiert werden die Datensätze über das Feld „Interne Nummer", in aufsteigender Reihenfolge.

**Bemerkung:**
Die Editier-Abfrage und Produktions-Abfrage unterscheidet sich darin, daß in der Editier-Abfrage alle Datensätze und in der Produktions-Abfrage nur die Datensätze verknüpft werden, welche sowohl dem geforderten Sicherheits-Level entsprechen als auch ein Aktualisierungs-Datum besitzen.

## Die Formulare

Für jede HTML-Seite der SSP-WebSite existiert ein
Formular. Über dieses Formular läßt sich der Inhalt
und die Struktur der HTML-Seite komfortabel
editieren.

Der Name des Formulars setzt sich zusammen aus
dem Namen der HTML-Seite (deren Inhalt und
Struktur zu editieren ist), der verwendeten Sprache,
und dem Zusatz „Edit". Das Formular für die
deutsche HTML-Seite „a1.html" heißt beispielsweise
„a1_deutsch_Edit".

Die Formulare der einzelnen HTML-Seiten basieren
auf der Editier-Abfrage der jeweiligen HTML-Seite.

## Master-Seite(n) produzieren

Nachdem Sie die Datenbank erzeugt haben, können Sie jetzt daran gehen, die Master-Seite(n) zu produzieren. Sie benötigen so viele Master-Seiten, wie Sie verschiedene Layouts in Ihrer WebSite einsetzen möchten. In der SSP-Muster-WebSite kommen drei verschiedene Layouts zur Anwendung.

| Layout | DOC-Datei | Besonderheit |
|---|---|---|
| Willkommen | welcome.doc | Entspricht dem Layout der Standard-Seite ohne Navigationsleiste |
| Standard | master_seite.doc | Layout aller Seiten, mit Ausnahme der Willkommen- und der Bestell-Seite |
| Bestellen | bestell_formular.doc | Entspricht dem Layout der Standard-Seite, erweitert um die Bestell-Funktionalität |

Die Master-Seiten sind Serienbrief-Dokumente. Diese enthalten den HTML-Code der einzelnen Seiten, welche die Struktur der HTML-Seite beschreibt (Header, Tabellen usw.). Die Inhalte werden erst bei der Produktion der HTML-Seite über Seriendruck-Felder eingefügt.

## Die Produktion im Einzelnen

1. Produzieren Sie eine „normale" HTML-Seite, welche Ihren Vorstellungen entspricht.

2. Speichern Sie diese Seite in Ihrer Textverarbeitung.

3. Erzeugen Sie auf Basis dieser Seite ein Seriendruck-Dokument. Verknüpfen Sie zu diesem Zweck die Seite mit einer Produktions-Abfrage (beispielsweise a1_deutsch) der vorab erzeugten Datenbank.

4. Ersetzen Sie zunächst die besonderen Texte der HTML-Seite durch die entsprechenden Seriendruckfelder (Seiten_Titel, Autor usw.)

5. Fügen Sie an die Stelle im Quelltext der HTML-Seite, an welcher die eigentlichen Inhalte der HTML-Seite erscheinen sollen, eine ausreichende Anzahl an Universal-Bausteinen ein.
   Universal-Bausteine fügen beliebige Inhalte, so vorhanden, in die Seite ein. Dieses geschieht selbstverständlich unter Beachtung der entsprechenden HTML-Konventionen. Sind mehr Universal-Bausteine in der Seite, als Inhalte einzufügen sind, werden die Universal-Bausteine „unsichtbar".
   Fügen Sie möglichst mehr Universal-Bausteine in die Seite ein, als Sie jemals Strukturelemente in die Seite einfügen werden. Bedenken Sie aber bitte, daß sich eine zu hohe Anzahl von Universal-Bausteinen in der Seite negativ auf die Produktions-Geschwindigkeit der WebSite auswirkt.

6. Entfernen Sie die Verknüpfung der Seite mit der Datenbank. Achten Sie aber darauf, daß die Seriendruckfelder in der Seite erhalten bleiben.

7. Speichern Sie die Datei.

Damit ist die erste Master-Seite produziert. Eventuell benötigte weitere Master-Seiten werden ebenso produziert.

## *Organisation der Produktion*

Sie haben die Datenbank und Sie haben die Master-Seite(n). Was jetzt noch fehlt, ist ein Hilfsmittel, welches die WebSite (oder Teile davon) bei Bedarf generiert.

Diese Aufgabe übernehmen Makros der Textverarbeitung. Für jede HTML-Seite der WebSite existiert in jeder Sprachversion ein eigenes Makro. Diese Makros sind benannt nach dem Namen der HTML-Seite und der verwendeten Sprache. Also, beispielsweise „a1_deutsch" für das Makro, welches die deutsche Version der HTML-Seite „a1.html" produziert.

Bei der Produktion einer einzelnen HTML-Seite erledigt das entsprechende Makro folgendes:

Die dazugehörige Master-Seite wird geöffnet und mit der entsprechenden Produktions-Abfrage verknüpft. Das Makro, welches Umlaute nach HTML-Code konvertiert, wird aufgerufen. Leerzeilen innerhalb der Seite werden gelöscht und die Seite unter dem entsprechenden Namen als HTML-Dokument gespeichert.

Die einzelnen Makros sind, sortiert nach der Sprache, in eigenen DOC-Dateien zusammengefaßt.

Für die deutschsprachigen Makros heißt diese Datei beispielsweise „_make_DE.doc". Diese Dateien enthalten alle Makros der entsprechenden Sprache und ein Makro, welches die einzelnen Makros dieser Sprache nacheinander aufruft. Sie haben so die Möglichkeit die vollständige Sprachversion einer WebSite zu generieren.

In der Datei „make_ALL.doc" ist ein Makro gespeichert, welches die Makros aufruft, welche die einzelnen Sprachversionen generieren. Sie haben so die Möglichkeit, die vollständige WebSite generieren zu lassen.

In der folgenden Grafik haben wir noch einmal die
Beziehungen der Makros untereinander dargestellt.

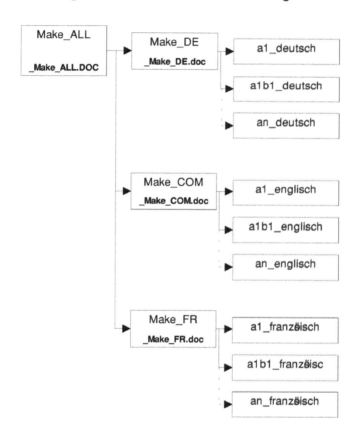

Kapitel 6

# Mehrsprachige SSP-WebSites

Die SSP-Technologie ist geradezu prädestiniert, mehrsprachige WebSites zu produzieren und zu pflegen. Es macht praktisch keinen Unterschied, ob Sie Ihre WebSite in einer, zwei oder zwanzig Sprachen ins Netz stellen (wenn man von den Kosten für die Übersetzung einmal absieht).

Inhalt und Struktur der verschiedensprachigen WebSites sollte (muß aber nicht) identisch sein. So bleibt der Aufwand für Produktion und Pflege von mehrsprachigen WebSites auf ein Minimum beschränkt.

Die SSP-Muster-WebSite läßt sich außer in deutsch, auch in englisch und französisch produzieren. Die fremdsprachigen HTML-Seiten werden in eigenen Verzeichnissen abgelegt. Dieses sind für die englischen HTML-Seite:
`c:\SSP_WebSite\com` und für die französischen HTML-Seiten
`c:\SSP_WebSite\fr`. Sollten diese Verzeichnisse noch nicht auf Ihrem Computer existieren, dann erzeugen Sie diese zunächst.

## Mehrsprachige SSP-WebSites

Um die englische SSP-Muster-WebSite zu produzieren, gehen Sie wie folgt vor:

1. Öffnen Sie Microsoft Word
2. Öffnen Sie die Datei
   c:\SSP_WebSite\Master_Seiten\_make_com.doc
3. Starten Sie das Makro make_WebSite_englisch, <Strg>+<Num2>

Jetzt generiert Ihr Computer die vollständige, englische WebSite. Dieser Vorgang kann mehrere Minuten dauern. Die produzierten HTML-Dokumente finden Sie im Verzeichnis c:\SSP_WebSite\com

Um die französische SSP-Muster-WebSite zu produzieren, gehen Sie wie folgt vor:

1. Öffnen Sie Microsoft Word
2. Öffnen Sie die Datei
   c:\SSP_WebSite\Master_Seiten\_make_fr.doc
3. Starten Sie das Makro
   make_WebSite_französisch, <Strg>+<Num 3>

Jetzt generiert Ihr Computer die vollständige, französische WebSite. Dieser Vorgang kann mehrere Minuten dauern. Die produzierten HTML-Dokumente finden Sie im Verzeichnis c:\SSP_WebSite\fr

## *Zusammenarbeit mit dem Übersetzer*

Der Übersetzer benötigt für seine Arbeit die Tabellen „Inhalt_de" und „Text_de" (unter der Voraussetzung, daß deutsch die Ausgangssprache der Übersetzung ist). In den einzelnen Tabellen sind die folgenden Spalten zu übersetzen:

| Tabelle | zu übersetzende Spalten |
|---------|-------------------------|
| Inhalt_de | Inhalt_Text<br>EMAIL_Subject<br>EMAIL_body<br>Alt |
| Text_de | Waehrung<br>Beschreibung<br>KeyWords<br>Seiten_Titel<br>Grafik_Seite_zurueck_Text<br>Grafik_Ebene_zurueck_Text<br>Grafik_Home_Text<br>Grafik_Seite_weiter_Text<br>Last_Update<br>CopyRight |

Der Übersetzer wird es Ihnen danken, wenn er neben den Tabellen auch Zugang zu der zu übersetzenden deutschen WebSite erhält.

## *Neue Sprache einführen*

Die SSP-Muster-WebSite unterstützt neben der
deutschen Sprache auch die englische- und
französische Sprache.

Sie können Ihre WebSite auch in einer anderen
Sprache produzieren. Sie benötigen dafür eine Reihe
von weiteren Tabellen, Abfragen und Makros. Wenn
Sie diese nicht auf unserer WebSite
http://www.static-server-pages.de finden, müssen
Sie diese selber produzieren.

Wir gehen in dem folgenden Beispiel davon aus, daß
Ihre deutsche WebSite die Grundlage für die
Übersetzung sein soll und die Zielsprache Dänisch
ist. In diesem Fall gehen Sie bitte wie folgt vor:

1. Kopieren Sie die Tabelle „Inhalt_de" und fügen
   Sie diese unter dem Namen „Inhalt_dk" in die
   Datenbank ein. Verfahren Sie ebenso mit der
   Tabelle „Text_de".

2. Übergeben Sie die Tabellen „Inhalt_dk" und
   „Text_dk" Ihrem Übersetzer.

3. Fügen Sie die übersetzten Tabellen „Inhalt_dk"
   und „Text_dk" wieder in die Datenbank ein.

4. Erzeugen Sie für jede HTML-Seite der WebSite die Produktions-Abfragen (beispielsweise „a1_dänisch"). Öffnen Sie zu diesem Zweck die Abfrage „a1_deutsch" im Editiermodus und ersetzen alle Tabellen „_de" durch die entsprechenden Tabellen „_dk".

5. Erzeugen Sie für jede HTML-Seite der WebSite die Editier-Abfragen (beispielsweise „a1_dänisch_Edit"). Öffnen Sie zu diesem Zweck die Abfrage „a1_deutsch_Edit" im Editiermodus und ersetzen alle Tabellen „_de" durch die entsprechenden Tabellen „_dk".

6. Erzeugen Sie für jede HTML-Seite der WebSite ein Formular. Öffnen Sie zu diesem Zweck ein bestehendes Formular im Editier-Modus. Kopieren Sie den gesamten Inhalt des Formulars (<Strg>+<A>) und schließen Sie die Abfrage wieder. Legen Sie eine neue Abfrage an, welche Sie mit der entsprechenden Editier-Abfrage der neuen Sprache verbinden. Fügen Sie die Inhalte aus der Zwischenablage in das neue Formular ein und speichern Sie das Formular unter dem entsprechenden Namen.

7. Schließen Sie die Datenbank.

8. Erzeugen Sie ein Verzeichnis
„c:\SSP_WebSite\dk" sowie ein Verzeichnis
c:\SSP_WebSite\dk\grafik\

9. Kopieren Sie die Grafiken für die dänische
WebSite in das Verzeichnis
c:\SSP_WebSite\dk\grafik

10. Speichern Sie eine Kopie der Datei
„_make_DE.doc" unter dem Namen
„_make_DK.doc" und öffnen Sie diese Datei.

11. Zeichnen Sie ein „leeres" Makro auf. Weisen Sie
diesem Makro einen Short-Cut zu,
beispielsweise <Strg>+<Num><4>. Speichern
Sie dieses Makro mit dem Namen
„make_WebSite_dänisch".

12. Öffnen Sie die Datei, in welcher die Makros
dieser Seite gespeichert sind.

13. Kopieren Sie den Anweisungs-Teil des Makros
„make_WebSite_deutsch" und speichern Sie
diesen als Anweisungs-Teil des Makros
„make_WebSite_dänisch".

14. Löschen Sie das Makro
„make_WebSite_deutsch"

15. Ändern Sie in der gesamten Datei „_deutsch" in „_dänisch" und „c:\SSP_WebSite\" in c:\SSP_WebSite\dk\

16. Schließen Sie die Datei, in welcher die Makros gespeichert sind.

17. Ändern Sie den Text in der Seite „_make_DK.doc" und schließen Sie die Datei.

18. Öffnen Sie die Datei „_make_ALL.doc"

19. Öffnen Sie die Datei, in welcher die Makros dieser Seite gespeichert sind.

20. Kopieren Sie den Teil des Anweisungs-Teils des Makros „Make_ALL", welcher sich auf die deutschen Seiten bezieht. Fügen Sie den kopierten Teil des Anweisungs-Teils am Ende des Makros ein und ändern Sie in diesem Teil „_DE" in „_DK" und „_deutsch" in „_dänisch".

21. Schließen Sie die Datei, in welcher die Makros enthalten sind. Schließen Sie die Datei „_make_ALL.doc".

Damit ist das Einfügen der dänischen Sprache abgeschlossen.

# Mehrsprachige SSP-WebSites

Kapitel 7

# Ausblick, weitere Möglichkeiten des Einsatzes von SSP

Aus Platzgründen konnten wir auf verschiedene Möglichkeiten der SSP-Technologie nicht näher eingehen. Wir werden dieses zu einem späteren Zeitpunkt, in eigenständigen Publikationen, nachholen. Hier nur einige Stichworte:

- Automatisierte Produktion und Pflege von WebSites
- Email basierte Produktion und Pflege von WebSites
- Nicht-Programmierer produzieren und pflegen komplexe WebSites (mit Hilfe von Formularen)

Die Möglichkeiten der SSP-Technologie sind mit der Produktion und Pflege von WebSites aber noch lange nicht ausgeschöpft. Vielmehr bietet diese Technologie die Grundlage, um alle anfallenden Texte effizient zu verwalten und den verschiedensten Anwendungen zur Verfügung zu stellen, Stichwort Single-Source.

## Das Single-Source-Konzept

In Handbüchern, Hilfe-Texten, Prospekten, HTML-Seiten und anderen Dokumenten stehen oft die gleichen Informationen. Gibt es Änderungen müssen die Handbücher, die Hilfe-Texte, die Prospekte, die HTML-Seiten usw. geändert werden, in aller Regel einzeln und von Hand. Wäre es da nicht schön (und effizient), wenn man die Änderungen nur einmal vornehmen müßte, und die Änderungen automatisch in Handbüchern, Hilfe-Texten usw. übernommen werden würden?

Genau dieses meint das Single-Source-Konzept. Alle Informationen stehen in einer Datenbank. Mit dieser Datenbank als Grundlage werden Handbücher, Hilfe-Texte usw. generiert. Notwendige Änderungen werden einmal vorgenommen, in der Datenbank. Anschließend werden die gewünschten Dokumente neu generiert.

Die SSP-Technologie bietet Ihnen die Grundlagen, um das Single-Source-Konzept auch in Ihrem Unternehmen einzusetzen. Aktuelle Informationen zu diesem Thema finden Sie unter http://www.static-server-pages.de

# Anhang

## *Die Struktur der einzelnen Tabellen*

## Die Struktur der Tabelle „Master"

In der folgenden Tabelle sind alle Felder der Tabelle „Master" aufgeführt.

| Feldname | Feld-datentyp | Beschreibung |
|---|---|---|
| NAME | Text | Name der zu diesem DatenSatz gehörenden HTML-Datei. |
| Aktualisie_ | Datum | Letzte Aktualisierung |
| Bemerkung | Memo | Bemerkung, welche sich auf alle Sprachversionen dieser HTML-Datei bezieht. |

## Die Struktur der Tabellen „Master_de", „Master_com" und „Master_fr"

In der folgenden Tabelle sind alle Felder der Tabelle „Master_de", bzw. „Master_com" und „Master_fr" aufgeführt.

| Feldname | Feld-datentyp | Beschreibung |
|---|---|---|
| NAME | Text | Name der zu diesem DatenSatz gehörenden HTML-Datei. |
| Name_Inhalt | Text | Name der Datei, welche den Inhalt der Seite enthält, im Gegensatz zu NAME (entspricht dem Struktur-Namen) |
| AKTUALISIE_ | Datum | Letzte Aktualisierung |
| Hintergrund_Bild | Text | Grafik, aus welcher der Hintergrund gekachelt wird |
| Hintergrund_Bild _Hoehe | Zahl | Höhe der Grafik, aus welcher der Hintergrund gekachelt wird. |
| Hintergrund_Bild _Breite | Zahl | Breite der Grafik, aus welcher der Hintergrund gekachelt wird. |

| | | |
|---|---|---|
| Text_Color | Text | Standard-Text-Farbe |
| Text_Color_2 | Text | Zweite-Standard-Text-Farbe |
| Link_Color | Text | Farbe für Verweise zu noch nicht besuchten Dateien |
| VLink_Color | Text | Farbe für Verweise zu bereits besuchten Dateien |
| ALink_Color | Text | Farbe für Verweise, die der Anwender gerade anklickt |
| Grafik_Seite_zurueck | Text | Grafik für Link Seite zurück |
| Grafik_Seite_zurueck _Breite | Zahl | Breite der Grafik für Link Seite zurück |
| Grafik_Seite_zurueck _Hoehe | Zahl | Höhe der Grafik für Link Seite zurück |
| Grafik_Ebene _zurueck | Text | Grafik für Link Ebene zurück |
| Grafik_Ebene _zurueck_Breite | Zahl | Breite der Grafik für Link Ebene zurück |
| Grafik_Ebene _zurueck_Hoehe | Zahl | Höhe der Grafik für Link Ebene zurück |
| Grafik_Home | Text | Grafik für Link HOME |
| Grafik_Home_Breite | Zahl | Breite der Grafik für Link HOME |
| Grafik_Home_Hoehe | Zahl | Höhe der Grafik für Link HOME |

| Grafik_Seite_weiter | Text | Grafik für Link Seite weiter |
|---|---|---|
| Grafik_Seite_weiter _Breite | Zahl | Breite der Grafik für Link Seite weiter |
| Grafik_Seite_weiter _Hoehe | Zahl | Höhe der Grafik für Link Seite weiter |
| GrafikPfad | Text | Pfad, auf globale Grafiken (Hintergründe usw.) |
| BS_Breite | Text | Maximale gewünschte Seiten-Breite in Pixel |
| Seiten_Pfad | Text | Pfad, unter welcher die Seite (z.Bsp.. im Internet) zu finden ist. |

# Die Struktur der Tabellen „Inhalt_de", „Inhalt_com" und „Inhalt_fr"

Die folgende Tabelle enthält alle Felder der Tabellen „Inhalt_de", bzw. „Inhalt_com" und „Inhalt_fr".

| Feldname | Feld-datentyp | Beschreibung |
|---|---|---|
| Interne_Nummer | Text | Nummer des aktuellen Datensatzes. |
| Name | Text | Name der (HTML) Datei. |
| Aktualisierung_DS | Datum | Letzte Aktualisierung des aktuellen DatenSatzes |
| SicherheitsStufe | Zahl | Seiten die nicht für alle bestimmt sind, lassen sich durch Setzen eines entsprechenden Levels ausschalten. |
| Steuer_Zeichen_Vor | Text | HTML-Code der vor dem eigentlichen Inhalt angezeigt werden soll. |
| Steuer_Zeichen_Nach | Text | HTML-Code der nach dem eigentlichen Inhalt angezeigt werden soll. |

| | | |
|---|---|---|
| Verweis | Text | Internet-Adresse, auf welche der Link verweisen soll. |
| Inhalt_Text | Memo | Text, welcher in der HTML-Seite erscheinen soll. |
| Target | Text | target="_blank" notwendig, wenn aus Frames auf externe Seiten verwiesen werden soll. |
| Internes_Sprungziel | Text | Sprungziel innerhalb der aktuellen HTML-Seite |
| EMAIL_Adresse | Text | Email-Adresse, an welche die Mail gehen soll. |
| EMAIL_Subject | Text | Vordefiniertes Subject der Mail. Muß!!! gesetzt sein, wenn body, cc oder bcc gesetzt werden sollen. |
| EMAIL_body | Text | Vordefinierter Inhalt der Mail. |
| EMAIL_cc | Text | Eine Kopie der Mail geht an die Mail-Adresse. Die Mail-Adresse wird angezeigt. |

| | | |
|---|---|---|
| EMAIL_bcc | Text | Eine Kopie der Mail geht an die Mail-Adresse. Die Mail-Adresse wird nicht angezeigt. |
| Inhalt_Grafik | Text | Grafik, welche angezeigt werden soll. |
| Alt | Text | Text, welcher alternativ und/oder zusätzlich(bei modernen Browsern) zur Grafik angezeigt wird. |
| Grafik_Width | Text | Breite der Grafik. |
| Grafik_Heigth | Text | Höhe der Grafik. |
| Grafik_Border | Zahl | Stärke des Rahmens um die Grafik. |
| Grafik_align | Text | Ausrichtung der Beschriftung der Grafik, top, middle, bottom |
| Grafik_Pfad | Text | Pfad, unter welchem die Grafik zu finden ist. |
| Text_Font | Text | Zu verwendender Text-Font. |
| Text_Farbe | Text | Zu verwendende Text-Farbe. |
| Text_Groesse | Text | Zu verwendende Text-Größe. |
| Bemerkung | Memo | Interne Bemerkungen |

## Die Struktur der Tabellen „Text_de", „Text_com" und „Text_fr"

In der folgenden Tabelle sind alle Felder der Tabelle „Text_de", bzw. „Text_com" und „Text_fr" aufgeführt.

| Feldname | Feld-datentyp | Beschreibung |
|---|---|---|
| NAME | Text | Name der HTML-Seite. |
| Aktualisierung | Datum | Datum der letzten Änderung. |
| Bemerkung | Memo | Bemerkung, welche sich auf die deutschen Texte bezieht. |
| Bearbeiter | Text | Der Verantwortliche für den Inhalt. |
| Waehrung | Text | Das zu verwendende Kürzel für die Währung (beispielsweise DM) |
| index | Text | Text, welcher im Header der HTML-Seite unter ROBOTS/CONTENT erscheint. |
| follow | Text | Text, welcher im Header der HTML-Seite unter ROBOTS/CONTENT erscheint. |

| Beschreibung | Memo | Text, welcher im Header der HTML-Seite unter DESCRIPTION erscheint. |
|---|---|---|
| KeyWords | Memo | Text, welcher im Header der HTML-Seite unter KEYWORDS erscheint. |
| Seiten_Titel | Text | Text, welcher im Header der HTML-Seite unter TITLE erscheint. |
| Grafik_Seite_zurue ck_Text | Text | ALT-Tag, der Grafik Seite_zurueck |
| Grafik_Ebene _zurueck_Text | Text | ALT-Tag, der Grafik Ebene_zurueck |
| Grafik_Home_Text | Text | ALT-Tag, der Grafik Home |
| Grafik_Seite_weiter _Text | Text | ALT-Tag, der Grafik Seite vor |
| Last_Update | Text | Text: Letztes Update |
| AUTOR | Text | Text, welcher im Header der HTML-Seite unter AUTHOR erscheint. |
| WEBMASTER | Text | Email-Adresse des WebMasters |
| CopyRight | Text | Text, CopyRight-Hinweis |
| Link_CopyRight | Text | HTTP-Adresse zum Copyright-Hinweis |

| zum_Seitenanfang | Text | Floskel für den Link, der innerhalb der Seite zum Seitenanfang führt. |
|---|---|---|
| zum_Seitenanfang _Ausrichtung | Text | Ausrichtung für die Floskel für den Link, der innerhalb der Seite zum Seitenanfang führt. |
| zum_Seitenanfang _Groesse | Text | Größe der Floskel für den Link, der innerhalb der Seite zum Seitenanfang führt. |

# Die Struktur der Tabellen „Struktur_de", „Struktur_com" und „Struktur_fr"

In der folgenden Tabelle sind alle Felder der Tabelle „Master_de", bzw. „Master_com" und „Master_fr" aufgeführt.

| Feldname | Feld-datentyp | Beschreibung |
|----------|---------------|--------------|
| NAME | Text | Name der zu diesem DatenSatz gehörenden HTML-Datei. |
| Name_Inhalt | Text | Name der Datei, welche den Inhalt der Seite enthält, im Gegensatz zu NAME (entspricht dem Struktur-Namen) |
| AKTUALISIE_ | Datum | Letzte Aktualisierung |
| Adresse_Seite _zurueck | Text | HTML-Adresse, Seite zurück |
| Adresse_Ebene _zurueck | Text | HTML-Adresse, Ebene zurück |
| Adresse_Home | Text | HTML-Adresse, Home |
| Adresse_Seite_weiter | Text | HTML-Adresse, Seite vor |

## *Die Struktur der einzelnen Abfragen*

Die Struktur der Produktions-Abfragen

Für jede HTML-Seite der SSP-WebSite existieren für
jede Sprachversion zwei Abfragen. Die Struktur der
Produktions-Abfrage ist im Folgenden dargestellt.

| Enthaltene Tabellen | Verknüpft über Feld | Angezeigte Felder |
|---|---|---|
| „Inhalt_de" (bzw. com oder fr) | Name | alle |
| „Master" | Name | alle |
| „Master_de" (bzw. com oder fr) | Name | alle |
| „Text_de" (bzw. com oder fr) | Name | alle |
| „Struktur_de"(bzw. com oder fr) | Name | alle |

Es werden nur Datensätze angezeigt, in deren Feld
„Name" der Name der entsprechenden HTML-Datei
steht (beispielsweise a1.html), deren Sicherheitsstufe <=0 ist und die ein gültiges Aktualisierungs-
datum besitzen.

Die Datensätze der Abfrage sind in aufsteigender
Reihenfolge, über das Feld „Interne_Nummer" der
Tabelle „Inhalt_de" (bzw. _com oder _fr), sortiert.

## Die Struktur der Editier-Abfragen

Für jede HTML-Seite der SSP-WebSite existieren für jede Sprachversion zwei Abfragen. Eine Abfrage dient der Produktion der HTML-Seite. Über die andere Abfrage wird der Inhalt der Tabellen editiert. Die Editier-Abfragen besitzen folgende Struktur.

| Enthaltene Tabellen | Verknüpft über Feld | Angezeigte Felder |
|---|---|---|
| „Inhalt_de" (bzw. com oder fr) | Name | alle |
| „Master" | Name | alle |
| „Master_de" (bzw. com oder fr) | Name | alle |
| „Text_de" (bzw. com oder fr) | Name | alle |
| „Struktur_de"(bzw. com oder fr) | Name | alle |

Es werden nur Datensätze angezeigt, in deren Feld „Name" der Name der entsprechenden HTML-Datei steht (beispielsweise a1.html), deren Sicherheitsstufe <=0 ist und die ein gültiges Aktualisierungsdatum besitzen.

Die Datensätze der Abfrage sind in aufsteigender Reihenfolge, über das Feld „Interne_Nummer" der Tabelle „Inhalt_de" (bzw. _com oder _fr), sortiert.

## *Die Struktur der einzelnen Formulare*

Die Formulare basieren auf den Editier-Abfragen der
jeweiligen HTML-Seiten. Im Formular angezeigt
werden aber nur die folgenden Felder:

| Enthaltene Tabellen | Angezeigte Felder |
|---|---|
| „Inhalt_de" (bzw. com oder fr) | NAME |
| | Interne_Nummer |
| | Aktualisierung_DS |
| | Verweis |
| | Steuer_Zeichen_Vor |
| | Steuer_Zeichen_Nach |
| | Inhalt_Text |
| | Text_Farbe |
| | Text_Groesse |
| | Text_Font |
| | Bemerkung |
| | Inhalt_Grafik |
| | Alt |
| | Grafik_Width |
| | Grafik_Heigth |
| | Grafik_Border |
| | Grafik_Pfad |
| | EMAIL_Adresse |
| | EMAIL_cc |
| | EMAIL_bcc |
| | EMAIL_Subject |
| | EMAIL_body |

| „Master" | Kein Datensatz |
|---|---|
| „Master_de" (bzw. com oder fr) | Kein Datensatz |
| „Text_de" (bzw. com oder fr) | Aktualisierung<br>Seiten_Titel<br>Beschreibung<br>KeyWords<br>Bemerkung |
| „Struktur_de"(bzw. com oder fr) | Adresse_Seite_Zurueck<br>Adresse_Ebene_zurueck<br>Adresse_Home<br>Adresse_Seite_weiter |

# Anhang

# Werbung

Wenn wir schon ein Buch schreiben, dann möchten wir diese Gelegenheit auch für ein wenig Eigenwerbung nutzen.

Wir schreiben nicht nur Bücher über die SSP-Technologie, wir setzen diese Technologie auch erfolgreich in der Praxis ein.

Wenn wir Ihnen also eine WebSite neu entwickeln, oder eine vorhandene WebSite in eine SSP-WebSite überführen, und/oder Sie oder Ihre Angestellten schulen dürfen, lassen Sie es uns wissen.

Sie erreichen uns über die folgenden Kanäle:

| | |
|---|---|
| HomePage | http://www.static-server-pages.de |
| Email | webmaster@static-server-pages.de |
| Telefon | (030) 509 75 86 |
| Fax | (030) 509 75 86 |
| Mobiltelefon | 0171 987 49 21 |
| Post | Michael Hinz<br>Dönhoffstr. 24<br>10318 Berlin |